AF457442

LA FIN DU BAIL,

OU

LE REPAS DES FERMIERS,

DIVERTISSEMENT
EN PROSE ET EN VAUDEVILLES.

Représenté à Paris le 8 Mars 1788, par les Comédiens Italiens ordinaires du Roi, pour la clôture de leur théâtre.

PAR LE C. J.

Prix, 15 sols.

BIBLIOTHÈQUE

Yth 7272

A PARIS,

Au [illegible] de l'Abonnement du *Courrier des Planetes*, *rue Phélypeaux*, *vis-à-vis la Vierge*;

Et chez BELIN, Libraire, *rue Saint-Jacques*, & les Marchands de nouveautés.

1788.

Yth 7272

PERSONNAGES.	ACTEURS.
BLAISE.	M. Trial.
TOINETTE.	Mad. Saint-Aubin.
MATHURIN.	M. Favart.
LE BAILLI.	M. Rozieres.
Fermiers & Fermieres.	Messieurs & Mesdames des chœurs.

LA FIN DU BAIL,

OU

LE REPAS DES FERMIERS,

DIVERTISSEMENT.

SCENE PREMIERE.

Tous les Fermiers & toutes les Fermieres sont rassemblées autour d'une table dans une grande salle; les garçons de la Ferme & quelques domestiques à la livrée du Seigneur sont occupés à desservir les plats, quand on leve la toile; ils laissent seulement les bouteilles & les verres.

MATHURIN, *posément.*

AIR *pris dans l'ouverture & dans la finale du second acte des* Dettes.

CHANTONS not' maître en son absence
Et tous les dons qu'il nous a faits;
Profiter de sa bienfaisance,
C'est le payer de ses bienfaits.

TOUS EN CHŒUR.

Chantons, &c. &c. &c.

TOINETTE.

AIR : *Nous n'avons qu'un tems à vivre*, &c.

C'est la dern'ere soirée;
Amis, passons-la gaîment,

A

Et qu'elle soit consacrée
Au devoir du remercîment.

TOUS ENSEMBLE.

C'est la derniere, &c.

TOINETTE.

Prouvons notre reconnaissance
Par un chant sincere & joyeux.
Que l'espoir & la confiance
Animent nos voix & nos jeux ! ...

TOUS ENSEMBLE.

C'est la derniere, &c.

MATHURIN.

Allons, c'est bien dit; de la gaîté, le bail finit aujourd'hui; il ne faut pas nous affliger pour cela. Monseigneur doit le renouveller ; il nous l'a promis, & il tiendra sa parole.

BLAISE, *d'un air inquiet.*

Oh ! sans doute qu'il la tiendra.... mais.... cependant.... si par hasard....

TOINETTE.

Si par hasard ?..... quoi, Blaise, tu serais capable d'en douter ?

BLAISE.

AIR : *Si tu voulais, tiens, je croi*, &c. (d'Azémia)

Après bien des travaux passés,
Un serviteur fidele
Croit n'en avoir pas fait assez
Pour exprimer son zele.
Un vieux proverbe, dans ce cas,
Assure, & ne se trompe pas,
Assure (*bis*), & ne se trompe pas,
Que lorsqu'on est content du maître,
A son tour celui-ci doit l'être...

Et, si j'osais.... (*bis*)
Je dirais hardiment, je croi :
Monseigneur est content de moi. (*bis*)

TOUS ENSEMBLE.

Et si j'osais.... (*bis*) &c....

BLAISE.

Même air.

Quand on a toujours de bon cœur
Servi l'objet qu'on aime,
On tremble, au sein de son bonheur,
De s'éblouir soi-même....
Monseigneur voit tous ses vassaux
Se plaire à leurs heureux travaux,
Se plaire (*bis*) à leurs heureux travaux.
Sans doute il peut en trouver d'autres
Dont les talens passent les nôtres;
Mais, s'il en trouvait! ... (*bis*)
Il n'en trouverait pas, je croi,
De plus dévoués à sa loi. (*bis*)

TOUS ENSEMBLE.

Mais, s'il en trouvait! (*bis*) &c.

TOINETTE.

Bon! bon! chassons toutes ces idées lugubres; nos inquiétudes sont une offense.... renoncer au plaisir d'être les Fermiers de Monseigneur!

AIR : *Il faut, quand on aime une fois*, &c.

Nous fallût-il perdre aujourd'hui
Nos droits à ses largesses,
Le seul agrément d'être à lui
Vaut pour nous les richesses.
Le travail même, à travailler
Chaque jour encourage ;

Et le plaisir de l'ouvrier
Est le prix de l'ouvrage.

TOUS REPETENT.

Et le plaisir, &c.

MATHURIN.

Il ne faut jamais se défier de la générosité d'un bon maître.... Si c'est ce bail, qui vous chagrine, on va l'apporter tout-à-l'heure. M. le Bailly l'a promis; il s'est chargé de tout.... il ne saurait tarder.... Mais, en attendant, il faut s'égayer; puisque nous voilà tous rassemblés pour boire à la santé du maître, buvons y donc.... Le meilleur moyen de lui prouver qu'on est sensible à ses libéralités, c'est d'en jouir gaiement.

BLAISE, *avant d'avaler le dernier verre de vin, qu'il tient à la main.*

Monsieur le Bailli ne vient pas, not'cher pere! Il y a sûrement quelque chose là-dessous?... n'est-ce pas, not' cher pere?

MATHURIN.

Ah! c'est qu'il lui sera survenu quelqu'embarras; ne vas-tu pas encore t'inquiéter, & inquiéter les autres?... Allons, boi.

BLAISE, *portant le verre à sa bouche, & ne buvant pas.*

Ce n'est pas tout de boire; il faut que M. le Bailli vienne.... not' cher pere.

MATHURIN.

Eh bien, il viendra; allons, boi donc.

BLAISE, *portant toujours le verre à sa bouche.*

Ce n'est pas tout qu'il vienne, not' cher pere, il faut qu'il apporte le bail...,

MATHURIN ET TOINETTE.

Eh bien, il l'apportera.... Allons, boiras-tu aujourd'hui ?

BLAISE, *buvant.*

Oh! ſans doute qu'il l'apportera; mais, s'il ne l'apporte pas cependant, not' cher pere, comment eſt ce que nous ferons ?

MATHURIN, *ſe levant de table.*

(*Il le contrefait.*)

Comment eſt-ce que nous ferons?...hom; il a toujours peur, lui. Allons, leve-toi; (*tous ſe levent*) & une petite ronde, puiſque M. le Bailli tarde encore. Allons, Blaiſe, ça diſſipera ton chagrin; allons, mes enfans, une ronde autour de la table.

BLAISE *reſtant ſeul aſſis.*

Oh! moi, d'abord, tenez.

AIR : *Je n'ſaurais danſer.*

(*lent & triſte*) Je n'ſaurais danſer;
J'ai trop à cœur cette affaire.
Je n'ſaurais danſer;
J'ai bien autre choſe à penſer. (*a*)
Le Bailli vient-il?...
Je crains toujours & j'eſpere!
Le Bailli vient-il?...
Oh! quel magiſtrat peu ſubtil!

TOUS LES AUTRES *le tirant par le bras.*

Allons, Blaiſe, allons, fais comme les autres.

BLAISE.

Même air.

Vous pouvez danſer,

(*a*) Les pieces à vaudevilles fourmillent de ces exemples. On ajoute une ſyllabe de plus, & on la ſouligne, pour faire voir qu'il faut prononcer deux *breves* au lieu d'une *longue*, en chantant.

Puiſque cela vous amuſe,
Vous pouvez danſer ;
Mais paſſez-moi d'y renoncer.

TOUS ENSEMBLE.	BLAISE, *ſe laiſſant entraîner.*
Le Bailli viendra. . . . Il a peut-être une excuſe ; Le Bailli viendra, Et te tranquilliſera.	Voyez s'il viendra ! Peut-il avoir une excuſe ? Voyez s'il viendra ! S'il me tranquilliſera !

MATHURIN.

Eh bien ? qu'eſt-ce qui fait une ronde, ici ?

TOINETTE.

Moi, papa ; moi, j'en fais une nouvelle.

TOUS ENSEMBLE.

Allons, danſons ; allons, Toinette, chante.

TOINETTE.

AIR *nouveau* (tiré du dix-ſeptieme N°. du *Courrier des Planetes.*)

La petite Colinette,
Voyant partir Colin un jour,
Jura de reſter ſeulette
Juſqu'au moment de ſon retour :
(*mineur.*) Que fais-tu là, lui diſait-on ?
A ton âge & joliette !
(*majeur.*) Que fais-tu là ? que fais-tu donc ?
Et pourquoi garder la maiſon ?

TOUS, *reprennent au* majeur, *en ſe tenant par la main & danſant autour de la table.*

Que fais-tu là, &c.

TOINETTE.

Même air.

Profitant de ſon veuvage,

La troupe des petits galans
Voulut troubler le ménage
Par mille propos séduisans:
(*mineur.*) « Viens avec nous, la belle enfant!
» Que te sert il d'être sage?
(*majeur.*) » Viens avec nous, la belle enfant!
» Et laisse là ton autre amant.

On répete au majeur.

» Viens avec nous, » &c.

TOINETTE.

Même air.

Nenni, messieurs, leur dit-elle;
Vos discours ne me font pas peur;
Et je resterai fidelle
A l'objet qui ravit mon cœur.
(*mineur.*) Je l'attendrai,
Lui garderai
Et mes talens & mon zeles;
(*majeur.*) Je l'attendrai,
Et je verrai
Arriver l'instant désiré.

On répete au majeur.

Je l'attendrai, &c.

SCENE II, & derniere.

LES ACTEURS PRÉCÉDENTS, LE BAILLI, *suivi d'un clerc, portant sous le bras un immense rouleau de papier.*

TOUS ENSEMBLE.

Ah!... Monsieur le Bailli!...

BLAISE, *reſpirant.*

Enfin !... ouf.... le voilà pourtant!... oh! c'eſt lui....

MATHURIN.

Ma foi, Monſieur le Bailli, nous commen cions à nous impatienter, au moins. Tenez, voilà ce pauvre Blaiſe qui ſe déſole!...

LE BAILLI.

Blaiſe ? ah ! je le reconnais bien là... (*Il lui donne des petits ſoufflets.*) Ne te chagrine pas, mon enfant; tout ira bien.

BLAISE.

Apportez vous le bail ?

LE BAILLI.

Tranquilliſe-toi, le voici.

TOUS, *voulant ſaiſir le papier.*

Ah ! voyons, voyons donc vîte.

LE BAILLI, *s'oppoſant à leurs efforts.*

Un inſtant de patience.... Monſeigneur va partir ; vous z cela ?

TOUS ENSEMBLE.

Il va partir! eſt-ce pour long-tems ?

BLAISE.

Il va partir!... eh bien, tenez, je l'avais preſque deviné... mais cependant je ne m'en ſerais pas douté.

LE BAILLI.

AIR : *Voici l'inſtant, il y viendra ; avec le tems il s'y rendra* (parodié de *Renaud d'Aſt*, *en ſupprimant la ritournelle de la fin*).

Il part ; mais bientôt vient le terme

Qu'il a fixé pour son retour,
Eh! Monseigneur loin de sa Ferme
Pourrait-il faire un long séjour?
Il est l'ame du labourage,
Sans lui point de cœur à l'ouvrage.
Oui, oui; comptez bien qu'il reviendra;
Je vous promets qu'il reviendra,
Et qu'à vos vœux il se rendra. (*bis*)

On répete.

LE BAILLI.	LES FERMIERS.
Je vous promets, &c.	Promettez-nous, &c.
Et qu'à vos vœux, &c.	Et qu'à nos vœux, &c.

LE BAILLI.

Même air.

Monseigneur se fait une fête,
Tant vos soins ont pour lui d'appas!
D'être lui-même à votre tête
Et de vous suivre pas à pas.
A ce séjour il s'intéresse;
Ne craignez pas qu'il le délaisse;
Non, non; comptez bien qu'il y viendra....
Soyez certains qu'il y viendra,
Que tous les jours il s'y rendra. (*bis*)

On répete.

LE BAILLI.	LES FERMIERS.
Ah! comptez bien, &c.	Nous comptons bien, &c.

BLAISE.

A présent, lisez le bail; Monseigneur l'a signé, n'est-ce pas?

LE BAILLI.

Volontiers; lisons. (*On déroule les papiers; chacun veut en tenir un bout; on les étend comme un lutrin sous les yeux du Bailli.)*

TOINETTE.

Lisez donc, Monsieur le Bailli, nous séchons d'impatience.

LE BAILLI, *à son clerc.*

Mes lunettes.

TOINETTE.

Un jour comme celui-ci, vous devriez voir clair sans lunettes....

LE BAILLI *tousse & se mouche méthodiquement.*

Eheum!... heum!...

BLAISE.

On ne doit pas être enrhumé aujourd'hui.... Allons, nous écoutons.

LE BAILLI.

Y êtes-vous tous?

TOUS ENSEMBLE.

Eh! oui, Monsieur le Bailli.... ah! mon dieu! quelle longueur.

LE BAILLI.

(*Il met ses lunettes, feint de préluder à la lecture, se tait un instant, & puis tout-à-coup, comme par réflexion, il ôte ses lunettes, & referme brusquement les papiers, au nez de tous les assistans.*)

AIR *du menuet d'Exaudet.*

Un moment;
C'est qu'avant
De vous lire
Ce bail écrit de ma main,

Qui de votre destin
Doit bientôt vous instruire,
J'oubliais
Que j'avais.....
A vous dire....
Qu'il existe un réglement
Qui doit en ce moment
Prescrire.

BLAISE ET TOINETTE.

Quel nouvel obstacle encore ?
Et quelle loi, que j'ignore ?

LE BAILLI.

Cette loi,
Sur ma foi,
Est bien sage;
Ecoutez tranquillement,
Et point d'emportement.

TOUS ENSEMBLE.

J'enrage.

LE BAILLI, *tenant toujours ses lunettes à la main.*

Je ne peux,
Ni ne veux
Rien entendre
Au sujet du nouveau bail,
Sans traiter du détail
Que vous allez apprendre.
Dans l'écrit,
Il s'agit
D'un hommage;
D'un hommage *ou* pot de vin,
Dont on condamne en vain
L'usage.

TOUS, *avec surprise.*

D'un pot de vin?... l'usage!... que voulez-vous dire?

LE BAILLI.

Oui, d'un pot de vin, c'est une des clauses importantes de ce bail....

BLAISE.

Une clause? qu'est-ce que ça, une clause?

LE BAILLI.

Vous y conformerez-vous?

TOINETTE.

Pardi, sans doute; il le faut bien.

LE BAILLI.

Sans délai?

TOUS ENSEMBLE.

Eh! vraiment oui.... Allons donc, dépêchez-vous, Monsieur le Bailli; ah! mon dieu! quel homme!

LE BAILLI.

AIR: *Des portraits à la mode.*

(*Tous portent leur oreille près de la perruque du Bailli.*)

Au tems précis du renouvellement,
Chez Monseigneur aborder poliment,
Et puis lui faire un joli compliment,
C'est une vieille méthode.

TOUS, *un peu plus bas, en se regardant avec surprise.*

Au tems précis &c.

LE BAILLI *continue l'air.*

Mais, quoique vieux, cet usage vraiment,
Pour un cœur sensible & reconnaissant,
Qui ne veut rien qu'exprimer ce qu'il sent,
Doit être toujours à la mode.

TOUS ENSEMBLE.

Doit être toujours à la mode.

TOINETTE.

Eh bien, ça n'eſt pas difficile, ça, Monſieur le Bailli. S'il ne s'agit que de dire ce qu'on penſe, je dirai ce que je penſe; & voilà mon compliment tout fait.

BLAISE.

Eſt-ce là ce pot de vin, cet uſage, cette clauſe, qui vous a tant coûté de paroles inutiles? ne fallait-il pas nous tenir le bec dans l'eau pour nous dire ça? Pardi, on n'a qu'à déboutonner ſon cœur; voilà tout.

LE BAILLI.

Oh! que.... pas tout-à-fait, pas tout-à-fait, mon ami.

TOINETTE.

Quoi donc? eſt-ce qu'il y a encore des deſſous de carte?

LE BAILLI.

On vous parle d'un compliment bien tourné.

BLAISE.

Eh bien, oui, j'entends bien.... je m'avancerai vers Monſeigneur avec ma petite Toinette.... tenez, comme, ça, là.... (*Il s'eſſaie*) & puis je le ſaluerai bien poliment.... comme ça, là, tenez.... & puis Toinette fera la révérence.... comme ça, là.... tout juſte, (*Toinette fait la révérence*) & je lui dirai: Monſeigneur. (*Il s'arrête tout court.*) Ah! fort bien; oui, je lui dirai: Monſeigneur.... Monſeigneur..,. me voilà.... eh bien, oui, me voilà... Toinette dira quelque choſe d'approchant, ou bien même, ſi ſon eſprit la porte à ça, quelque choſe de mieux.... & puis nous ſaluerons; & puis, eſt-ce que ce n'eſt pas là un compliment bien tourné?

LE BAILLI.

Tant que tu voudras ; mais ce n'eſt que de la proſe.

TOUS *interdits, ôtant leur chapeau.*

De la proſe ! ... comment ? que veut-il dire ?

LE BAILLI *d'un ton très-décidé.*

Il faut donc vous expliquer les choſes plus clairement. On vous demande un compliment en vers, en jolis vers ; des couplets enfin ! mais des couplets où le cœur s'embelliſſe des agrémens de l'eſprit.... (*Blaiſe recule, comme ſi on l'avait repouſſé violemment....*) M'entendez vous à préſent ?

BLAISE.

Pas trop.

TOUS *enſemble, remettant leur chapeau de travers, la tête penchée triſtement, reſtent comme pétrifiés quelques inſtans, ſans rien dire.*)

(*à l'uniſſon.*)

AIR : *Après ma mort vous pleurerez, je jure.*

Un compliment ! quelle terrible affaire !
Un compliment en jolis vers, hélas !
Si le cœur ſeul ſe chargeait de le faire,
Nous ſaurions bien nous tirer d'embarras. (*bis*)

LE BAILLI.

Je ſuis fâché, mes enfans, d'être porteur d'une nouvelle qui vous afflige : mais.... que voulez-vous ? ... l'uſage eſt le plus fort....

BLAISE, *à l'oreille du Bailli.*

Oh ! ce n'eſt pas tant ça qui m'embarraſſe, Monſieur le Bailli ; mais, ce qui me gêne, c'eſt que....

AIR *de l'Amoureux de quinze ans.*

Je n'y connais rien. . . .

TOINETTE.

Moi d'même ;

MATHURIN.

Moi d'même ;

TOUS.

Moi d'même.

BLAISE.

Et j'y suis d'un gauche extrême ;

MATHURIN.

Moi d'même.

TOINETTE.

Moi d'même ;
Et je voudrais bien
A l'instant même,
Trouver le moyen. . . .

BLAISE.

Moi d'même.

BLAISE ET TOINETTE.

D'arranger un petit couplet. . . .

TOUS ENSEMBLE.

Moi d'même.

BLAISE ET TOINETTE.

Mais. . . .

C'est que je n'en ai jamais fait ! . . .

MATHURIN.

Moi d'même

BLAISE.

Faire un compliment !

TOINETTE.

Et moi de même !

BLAISE.

Moi, pauvre ignorant !

MATHURIN.

Hélas ! moi d'même.

BLAISE.

Loi, que je maudis !

TOUS ENSEMBLE.

Moi d'même !

BLAISE *en ſe frappant la tête avec dépit.*

Bête que je ſuis !

CHACUN *en l'imitant de ſon côté.*

Moi d'même.

BLAISE *ſe grattant la tête.*

Et vous dites, Monſieur le Bailli, qu'il ne faut pas que ça ſoit de la proſe ?

LE BAILLI *avec emphaſe.*

Vraiment non ; quand on ſe mêle d'un compliment de cérémonie, où la bienſéance a autant de part que le ſentiment, il faut que ce ſoient au moins des vers, au moins.

BLAISE *rêvant un moment.*

A ! j'y ſuis... bon...

AIR : *Ce fut par la faute du ſort.*

Je vous entends bien à préſent ;
Ne prétendez-vous pas nous dire
Que le cœur expoſe uniment
Ce que le ſentiment inſpire ?

Mais

Mais en vers veut-on s'exprimer ?
Oh ! pour le coup c'eſt autre choſe ;
C'eſt à l'eſprit ſeul de rimer,
Le cœur ne fait que de la proſe. (*bis*)

Hem ? c'eſt ça que vous avez voulu dire, n'eſt-ce pas? . . . eh bien, tenez, moi, je me connais . . .

Même air.

Quand je ſerais né tout exprès
Pour me livrer à cette étude,
Jamais je n'y réuſſirais ;
J'en perdrais bientôt l'habitude.
Quand cet eſprit, qui loge là. . . .

Tenez, là. . . . (*Il montre ſa tête.*)

Voudrait être tout à la choſe ;
Ce diable de cœur, que voilà, (*Il le montre.*)
L'étourdirait avec ſa proſe. (*bis*)

LE BAILLI.

Vous voilà tous conſternés. . . . je ſens votre embarras ; j'y prends part. . . .

BLAISE.

Oh ! ſi c'était vrai, ce que vous dites là, Monſieur le Bailli, vous nous aideriez bien un peu. . . .

TOUS, *ſautant après le Bailli d'un air careſſant.*

Ah ! oui, ça, c'eſt bien dit ; un peu d'aide ! vous êtes ſi obligeant. . . .

TOINETTE.

C'eſt qu'en conſcience ce travail-là. . . .

AIR *parodié de l'Amoureux de quinze ans.*

Eſt trop fort pour nous. . . .

BLAISE ET MATHURIN.

Mais bien peu pour vous....

TOUS, *s'y joignant.*

Pour un Bailli savant,
Faire un compliment! ...
Mais! ce doit être un jeu....

LE BAILLI.

Oh! non pas, morbleu!

TOUS.

Quoi? vous, un monsieur, un monsieur d'esprit!

LE BAILLI.

Ma foi, mes enfans....
C'est qu'on a tout dit.

TOINETTE.

Oh! que non, qu'on n'a pas tout dit; l'esprit s'épuise, mais le cœur, pas.... D'ailleurs, quand nous ne ferions que répéter à notre maniere ce qu'on a déja dit, eh bien, quel mal?

AIR parodié sur le couplet: *Quel sujet aurais-je de craindre.* (des trois Fermiers.)

Quel sujet aurions nous de craindre,
En usant d'un refrain chéri?
On n'aura jamais à s'en plaindre,
Si le sentiment l'a choisi;
Les complimens pour ce qu'on aime
Sont tous de la même couleur;
Et l'on fera toujours le même,
Si j'en juge d'après mon cœur. (*bis*)

LE BAILLI.

Elle a raison, Toinette, jusqu'à un certain point... mais

la loi ! . . . S'il y avait possibilité de vous tirer de cet embarras-là ! . . .

TOUS *ensemble.*

Oh ! cherchez de grace, Monsieur le Bailli ! . . . vous voyez que ce n'est pas manque de bonne volonté. . . .

LE BAILLI, *réfléchissant.*

Je cherche. . . . attendez. . . .

AIR *de Calpigi.* (dans Tarare.)

Il est donc vrai que la nouvelle,
Que vient vous apporter mon zele,
A pu vous affliger ainsi ?

TOUS, *bien tristement.*

Hélas ! oui, Monsieur le Bailli ! (*bis*)

LE BAILLI.

Eh bien je vais auprès du maître ;
Parbleu ! je trouverai peut-être
Moyen d'arranger tout ceci. . . .

TOUS, *gaiement.*

Ah ! bravo ! Monsieur le Bailli ! (*bis*)

LE BAILLI.

Même air.

Je sais qu'il est porté d'avance
A nous marquer plus d'indulgence,
Quand nous l'appellerons ici.

TOUS, *tristement.*

Ah ! tant mieux, Monsieur le Bailli ! (*bis*)

LE BAILLI *montrant le parterre assis.*

Ici plus rien qui lui déplaise ;
Depuis qu'il est plus à son aise,

Il veut bien nous y mettre aussi....

TOUS, *gaiement.*

Ah! bravo, Monsieur le Bailli. (*bis*)

LE BAILLI.

Même air.

Je dirai que l'esprit s'oppose
A la loi qu'au cœur on impose;
L'un dit *non*, quand l'autre dit *oui*....

TOUS, *gaiement.*

C'est cela, Monsieur le Bailli! (*bis*)

LE BAILLI.

Il faudra bien en conséquence
Que Monseigneur vous en dispense;
Voilà le compliment fini.

TOUS, *gaiement.*

Ah! bravo, Monsieur le Bailli. (*bis*)

LE BAILLI.

Il n'y a pas de temps à perdre. Quant au bail, nous en remettrons la lecture à trois semaines, au retour de Monseigneur, d'autant plus que, d'ici à ce temps-là, on pourra y changer ou ajouter ce qui paraîtra le plus convenable aux deux parties contractantes.... Allez, mes enfans, je me charge de tout....

AIR: *Dieu de la mollesse.*

(*A demi-voix.*)

Allez en silence;
Prenez confiance;
Ne craignez rien;
Pour vous tout ira bien.

EN PARTIES.

LE BAILLI.	LES FERMIERS.
Allez en silence ;	Allons en silence ;
Prenez confiance ;	Prenons confiance ;
Ne craignez rien ;	Ne craignons rien ;
Pour vous tout ira bien.	Pour nous tout ira bien.

(*Les Fermiers se retirent d'un côté ; le Bailli de l'autre.*)

BLAISE ET TOINETTE, *à demi-voix, revenant.*

AIR : *C'est lorsque nous avons, &c.*

(*près de lui.*)

Sur-tout dites lui bien, que si nous refusons
Ce juste hommage,
C'est que nous sentons
Que par notre silence, au moins nous exprimons
Bien davantage
Que nous n'en dirions !

MATHURIN, *se joignant à eux.*

Suite de l'air.

Parlez de ses bienfaits ;
Et que votre langage
Emprunte des attraits
Qui fassent valoir nos regrets.

TOUS *ensemble à demi-voix.*

Sur-tout dites, &c.

(*Ils se retirent dans la coulisse.*)

(*Le Bailli de l'autre côté leur fait signe de se tranquilliser ; il sort & on baisse la toile.*)

RÉPONSE

A trois questions insérées dans plusieurs journaux.

Nota. On a cru pouvoir joindre ici *l'article* suivant, concernant le principal ouvrage de l'auteur, autant pour satisfaire la curiosité de certains lecteurs, que pour suppléer aux journaux, qui n'en ont pas encore fait mention.

On demande, 1°. Qu'est-ce que le *Courrier des Planetes ?*
2°. Quand paraît-il ?
3°. Comment s'y prend-on pour se le procurer ?

Réponse. 1°. *Le Courrier des Planetes* est une collection de vers & de prose, d'anecdotes & de réflexions, de paralleles & d'allusions, d'épîtres & de dialogues, de contes & de peintures, de chansons & de morale, de gaietés & de folies, en un mot un mélange d'épisodes, tels qu'ils se présentent à l'imagination de l'auteur. Le principal objet de cet ouvrage est de raconter les voyages du Cousin Jacques dans les Planetes, sans oublier celle d'*Herschell*, & une *neuvieme* Planete nouvellement découverte par le *Cousin*. *Voyez le Courrier des Planetes*, N°. 9.

L'auteur expose dans cette relation périodique, avec toute la fidélité de l'historien, ce qu'il a vu, ce qui lui est arrivé, ce qu'on lui a dit dans chaque Planete, les conversations, qu'il a eues avec leurs habitans, les mœurs des peuples innombrables qui les habitent, leurs usages, le caractere des princes qui les gouvernent, les loix & les constitutions des différens états qui les composent, les accidens qu'il essuie quelquefois pendant la traversée, &c. &c. &c. On voit que la carriere est vaste, & qu'il a de quoi travailler long-temps.

Il rend compte des pieces de théatre jouées dans les différens ſpectacles des Planetes, des mœurs, des qualités & des ſuccès des auteurs & des acteurs, des droits reſpectifs dont ils jouiſſent, &c. Et quelquefois il donne l'hiſtoire des actrices célebres qui ont fait époque dans la chronique Planétaire (*a*).

2°. Le *Courrier des Planetes* paroît exactement toutes les ſe-

---

(*a*) On ne ſera peut-être pas fâché de trouver ici une deſcription aſſez frappante de *l'entrée* d'un des ſpectacles de la planete de Vénus; d'autant plus que, dans tous les globes de l'univers, les libelliſtes ont le même droit à l'animadverſion publique.

« Avant de citer, dit l'auteur, quelques ſcenes de la piece que j'ai vue dans Vénus, je ne veux raconter qu'une particularité qui m'a frappé en entrant au ſpectacle par l'eſcalier des acteurs :

Là ſur la paille, à la porte d'entrée,
Dans une niche avec art préparée
Etait tenu, malgré tous ſes efforts,
Un abbé ſec & d'eſprit & de corps;
Un grand abbé, prêtre ſans miniſtere,
Vain ſans ſuccès, homme ſans caractère;
Auteur ſans nom, citoyen ſans état,
Rimeur ſans verve & proſateur ſans ſtyle,
Conteur ſans ſel, hableur froid & ſtérile,
Dans ſes gaîtés auſſi triſte que plat.
Son air chagrin, ſon œil louche & ſiniſtre
Inſpire au loin & l'horreur & l'ennui;
La calomnie en a fait ſon miniſtre,
Et la ſottiſe y fonde ſon appui.
Abbé ſans peur, mais non pas ſans reproche,
Grand diſcoureur, des Muſes réprouvé,
Et vomiſſant ſur tout ce qui l'approche
Le fiel amer dont il eſt abreuvé.
Quatre crampons, le tenant à la chaîne,
Aux noirs accès de cet énergumene
Mettent un frein, qu'il cherche à dévorer....
Et ſes regards lancent des traits de haine
Sur les paſſants, qui daignent l'entourer.

maines; pas un ſeul *numéro* n'a encore éprouvé le moindre retard depuis le 4 janvier, époque de la premiere livraiſon. Chaque *numéro* eſt de vingt-quatre pages petit *in*-12, beau papier, beau caractere. On reçoit en ſouſcrivant, avec le *numéro* courant, tous ceux qui ont paru depuis le commencement de l'année, pour laquelle on ſouſcrit. On ne vend point de *numéro* ſéparé.

3°. La maniere de s'abonner eſt ſi ſimple & ſi facile, que l'auteur, tout complaiſant qu'il eſt, ne croit pas pouvoir décemment s'étendre fort au long ſur ce ſujet. Voici la recette : on met *vingt-une livres* à la poſte, avec la lettre d'avis à cette adreſſe : *A Monſieur B. de R...* (ou tout uniment : *Au Couſin Jacques*) *au bureau général du Courrier des Planetes, rue Phélipeaux, à*

On le voyait, marchant à quatre pattes,
Péniblement alonger ſon licou,
A pas tardifs s'élancer de ſon trou,
Uſant en vain de ſes forces ingrates ;
Voulant atteindre à ces divinités
Par qui nos ſens au théâtre agités
Sont ſur la ſcene au ſein des voluptés ;
Voulant happer leurs jambes délicates,
Voulant au moins ſaiſir un falbala ; . . .
Voulant ſurtout parvenir juſqu'à celles
Dont les talens font autant d'immortelles,
Pour m'épargner des peintures nouvelles,
Les *Dugazon* de ce ſpectacle-là ;
Parmi les fleurs c'eſt nommer les plus belles . . . .
Rongeant ſon mors, & le rongeant envain,
Il veut ſaiſir, & jamais il ne touche.
Deux fois le jour, une éponge à la main,
Un Suiſſe altier, dans ce réduit farouche,
Vient eſſuyer, en lui portant du pain,
Le flot honteux, qui jaillit de ſa bouche. »

Extrait du quatorzieme numéro du Courrier des Planetes

Paris. Cette cérémonie assurément n'est ni longue, ni fatigante; & l'ouvrage est toujours expédié dans les vingt-quatre heures, franc de port. L'abonnement, qui est de *vingt-une livres* pour tout le royaume, est de *dix-huit livres* pour Paris, où l'ouvrage est fidélement distribué chaque semaine par les facteurs de la petite poste. Toutes les adresses sont imprimées, & les numéros croisés par une double bande, qu'on ne peut ouvrir sans la déchirer. On trouve du monde à toute heure, sans excepter les Fêtes & Dimanches, au bureau de l'auteur, *rue Phélipeaux*, *la porte cochere*, *en face de la Vierge*; & chez Belin, Libraire, *rue Saint-Jacques*, chez lequel on souscrit aussi.

P. S. On trouve les ouvrages du même Auteur, on souscrit pour le *Courrier des Planetes*, & l'on peut s'adresser pour tout ce qui le concerne :

A Strasbourg, chez MM. *Salzmann* & compagnie, *à la Librairie Académique.*

A Rennes, chez M. *Robiquet*, lib. *place du palais.*

A Lille, chez M. le *chev. de l'Epinard*, *réd. des feuilles de Flandres.*

A Valenciennes, chez M. *Giard*, lib. *sur la grande place.*

A Toulouse, chez M. *Broulhiet*, lib. *rue Saint-Rome.*

A Troyes, chez M. *Sainton*, au bureau du *Journal de Troyes.*

A Châlons-sur-Saone, chez M. *de Livani.*

A Limoges, chez M. *Esthier*, à la poste.

A Saintes, chez M. *Bourignon*, rédac. du *Journal.*

A Meaux, chez M. *Charles*, *au grand Bossuet.*

A Amiens, chez M. *Caron*, Imp. du Roi, *place de Périgord.*

A Bordeaux, chez MM. les freres *Labotiere.*

A Beauvais, chez M. l'abbé *Denis*, prof. de ... Chanoine de la Cathédrale, *à l'Evêché*.

A l'abbaye d'*Arrouaise*, pour tout l'Artois, chez M. ... chan. régulier, *route de Péronne à Bapaume*.

Et enfin à *Bruxelles*, chez M. *de Villebon*, Directeur des annonces des Pays-bas Autrichiens.

Lu & approuvé, à Paris, le premier Mars 1788. SUARD.

Vu l'Approbation, permis de représenter & d'imprimer, à Paris, le premier Mars 1788. **DE CROSNE.**

A Paris, de l'Impr. de la Veuve VALADE, rue des Noyers. 1788.

www.ingramcontent.com/pod-product-compliance
Ingram Content Group UK Ltd.
Pitfield, Milton Keynes, MK11 3LW, UK
UKHW020526180726
13839UKWH00005B/2328

9 782329 324319